4° Z
1620

Les Devoirs de l'homme

Les Devoirs du citoyen

DÉPOSÉ

La Piété Filiale

Collection C. CHARIER.

Les Devoirs de l'homme

Les Devoirs du citoyen

Le Devoir

Collection G. CHARIER.

Les Devoirs de l'homme

Les Devoirs du citoyen

Collection C. CHARIER

Le Courage

Collection C. CHARIER.

Les **Devoirs**
de l'homme

Collection C. CHARIER

Les **Devoirs** de l'homme

Les Devoirs du citoyen

Collection C. CHARIER

Les
Devoirs
de l'homme

Les Devoirs du citoyen

La Mendicité

Collection Ce...

Les Devoirs de l'homme

Les Devoirs du citoyen

1. — Respect de la personne humaine.

Collection G. CHARtous.

Les Devoirs de l'homme

Les Devoirs du citoyen

Collection G. CHARIER.

La Conscience humaine

Collection C. CHAHIER.

Les Devoirs de l'homme

Les Devoirs du citoyen

Le Civisme

Collection …

Les Devoirs de l'homme

Les Devoirs du citoyen

Les Devoirs de l'homme

Les Devoirs du citoyen

Collection C. CHARIER

Les **Devoirs** de l'homme

Les Devoirs du citoyen

La Reconnaissance

Collection E. CHALLER

Les **Devoirs** de l'homme

Les Devoirs du citoyen

La Fraternité

Les **Devoirs** de l'homme

Les Devoirs du citoyen

BIBLIOTHÈQUE NATIONALE IMPRIMÉS R.F.

Le Patriotisme

La patrie, c'est la France entière, c'est le souvenir de 2.000 ans de luttes, de prospérités, de malheurs communs à tous les Français.

Le culte de la patrie se manifeste et se fortifie par le souvenir des hauts faits qui ont illustré un pays, une nation.

Les différentes provinces qui synthétisent la France ne peuvent se désagréger ; elles ont une histoire commune, et des aspirations identiques. Il s'ensuit que les parties qui concourent à la formation du bloc se rattachent indissolublement, par la tradition, à l'idéal national que symbolise le mot Patrie.

Il importe donc de surveiller l'éducation de la jeunesse, de développer en elle le goût des choses historiques et de lui faire aimer la tradition nationale en s'adressant à l'imagination et au cœur aussi souvent qu'à l'intelligence. C'est par l'étude de l'histoire que l'on réchauffera le sentiment patriotique ; car, non seulement elle relie le présent au passé, mais elle prépare l'avenir. Il faut, en un mot, nourrir chez l'enfant la conscience de la nationalité française. Ainsi guidé, il embrassera d'un regard l'œuvre accomplie par nos aïeux. Il sentira palpiter le génie de notre race qui inspira nos savants, nos écrivains. L'idéal national lui apparaîtra soudain. Il aura enfin compris la grandeur sublime du mot Patrie.

Le patriotisme moderne n'est pas exclusivement un sentiment de haine de l'étranger. Une nation ne doit pas chercher dans la guerre sa raison d'être. L'esprit de conquête ne doit pas inspirer les conflits internationaux.

L'ambition d'un peuple doit être avant tout de vivre et prospérer en paix afin de convier ses voisins à la noble émulation qui conduit au progrès de la civilisation.

Sans détester les étrangers, il est cependant prudent de veiller à sa propre conservation et savoir, en cas d'attaque, se montrer impitoyable envers un ennemi déloyal. En pareil cas, la haine de l'agresseur personnifiant l'injustice est un devoir sacré.

Si la patrie est une certaine portion de territoire limitée par des bornes naturelles, il n'est pas exact de dire que le seul attrait qui réunisse et retienne au sol les populations d'un même pays soit la communauté d'intérêts.

Rien n'est plus faux que cette prétendue loi de la nature. Si tel était le mobile instinctif des peuples de la terre, on verrait les Islandais quitter leurs glaces improductives et les nègres de l'Afrique s'éloigner en masse de leur désert inculte. Au contraire, il semble que plus le sol d'un pays est ingrat, que plus le climat en est rude, plus il a de charme pour nous. Nous sommes enchaînés au pays natal par un lien mystérieux : le souvenir d'un père, d'une mère, les attaches de la famille, la vision constante de la maison qu'habita un compagnon d'enfance ou du champ qu'il cultiva. Le « mal du pays » d'ailleurs n'est-il pas la preuve de cette langueur d'âme qu'on éprouve hors de sa patrie ? Ne voit-on pas tous les jours d'intrépides pionniers quitter les plus belles situations d'une colonie lointaine et revenir près du clocher de leur village ?

Resserrons donc entre nous le lien national et disons avec V. Hugo que « la meilleure manière d'aimer l'humanité, c'est d'aimer sa patrie. »

Er. Richa,

C. CHARIER, éditeur à Saumur

La Fraternité

La fraternité, proprement dite, est le sentiment d'affection réciproque qui unit les enfants d'une même famille. Etendu à l'ordre moral et pris dans un sens plus général le mot *fraternité* a reçu une grande extension ; il signifie : amitié mutuelle entre personnes qui, sans aucun lien de parenté, se traitent comme frères. C'est à ce point de vue que nous allons l'examiner.

Disons d'abord que les philosophes ne rangent pas la fraternité parmi les devoirs sociaux. Si nous l'inscrivons dans notre étude, c'est bien plus par respect pour la belle devise républicaine qui orne tous les frontons de nos monuments publics que pour répondre à une nécessité d'ordre philosophique. Que la fraternité se prêche et se conseille, rien de mieux ; mais qu'elle se commande, nous ne le pensons pas. La fraternité est plutôt qu'un devoir une vertu par laquelle l'individu se sent en perpétuel désir de communion avec ses proches, ses compatriotes et même de ses semblables de tous pays. Elle se manifeste par une effusion de bonté qui enfante l'amour et le dévouement, par un désintéressement, une magnanimité d'âme qui relient chacun à tous et tous à chacun sans le souci des inégalités de la fortune ou du rang. La fraternité, toute d'amour, est faite d'abandon, de joie, de générosité, en un mot de foi en autrui.

La fraternité ne peut se réglementer par les lois positives. Elle ne saurait être l'objet d'une loi spéciale. Aussi, chacun la ramène à ses convenances propres. Pour notre part, loin d'en faire la base d'un communisme aussi impossible qu'antisocial, nous pensons qu'elle doit conserver son caractère d'assistance et de mutuelle bienveillance.

Le symbole du monde nouveau qui venait d'éclore en trois mots magiques : *Liberté, Egalité, Fraternité*, apparut pour la première fois, à Paris, au Champ de Mars, à la fête de la Fédération, le 14 juillet 1790. On lisait, en effet, la devise révolutionnaire sur quelques drapeaux. Ce n'est que plus tard qu'elle se généralisa pour devenir la devise nationale.

Malgré l'opposition d'un groupe de députés à la Constituante, le mot *fraternité* figura dans les plis de l'oriflamme de 1789.

Supprimé et rétabli alternativement, selon les fluctuations de l'opinion politique, la République du 4 septembre 1870 nous le rendit, de telle sorte qu'il est permis de penser qu'il nous est définitivement acquis.

Nous ne terminerons pas cette monographie de la fraternité sans dire un mot de ce que l'histoire nous rapporte de la *fraternité d'armes*. C'était un usage qui créait entre chevaliers une sorte d'alliance. Il réunissait en un faisceau tous les auteurs d'exploits, de prouesses, de faits remarquables substituant les rivalités individuelles à l'orgueil collectif. Les résultats positifs de cette fraternité étaient la communauté de butin et de prisonniers. Les frères d'armes devaient partager par moitié leurs profits de guerre présents et à venir, et devoir leur fortune à la délivrance l'un de l'autre s'ils étaient pris.

Ce souvenir historique prouve que l'expression n'est pas neuve, pas plus que le sentiment qu'elle exprime ; ce qui du reste n'enlève rien de son caractère philanthropique.

Er. Richa.

C. CHARIER, éditeur à Saumur

La Reconnaissance

La reconnaissance, prise dans le sens de gratitude, est un sentiment affectueux qui naît dans le cœur, à la suite des bienfaits reçus, avec la conscience qu'on doit quelque chose en retour. Il entre donc dans cette obligation que s'impose la personne reconnaissante un besoin de justice, mêlé d'équité. Ce sentiment fort honorable dérive du cœur qui reste la vraie source d'amour entre les hommes. La reconnaissance appartient à cette justice supérieure que les lois civiles ne font qu'entrevoir sans en limiter ni circonscrire la sphère d'influence. Elle dépend entièrement de l'action personnelle, en sorte que pour ne pas être imposée par les législateurs elle n'en est pas moins fort encouragée et admirée par les moralistes de toutes les sociétés civilisées.

Le plus souvent la reconnaissance se manifeste par les actes. Mais si l'occasion ne s'en présente pas, l'intention sauve le principe par cela seul que la disposition intérieure existe et persiste. Citons l'exemple d'un marin dans un port de mer qui risque de perdre la vie, se précipite dans les flots pour arracher à une mort certaine un passager d'un navire, tombé accidentellement à l'eau. Il le ramène sur le quai presque inanimé ; on transporte le mourant à l'hôpital où, en raison des soins intelligents qui lui ont été prodigués, il est ramené à la vie. Mais voilà que l'homme échappé au péril se trouve être un cœur généreux ; il demande à voir son sauveur, il veut lui exprimer sa reconnaissance. Bien plus, lui, riche et opulent personnage, il a hâte de s'enquérir de la situation de fortune qu'occupe le brave marin qui l'a tiré des flots, il veut améliorer sa vie matérielle et apporter quelques douceurs et peut-être plus de bonheur dans son existence, en le gratifiant d'un don généreux. En vain le cherche-t-il partout. Le vaillant matelot était un modeste. Sitôt après avoir accompli son acte de courage et de dévouement, il s'est dérobé aux ovations de la foule, et sans chercher à retirer un avantage de la situation qui pouvait le mettre en vue, il a préféré la satisfaction intérieure aux encouragements de l'opinion publique ou aux gratifications de la richesse. Il avait disparu sans se faire connaître. Cet exemple montre que la reconnaissance impuissante à se manifester n'enlève rien à la valeur morale de sa conception.

La reconnaissance est étrangère à tout calcul. Il ne suffit pas, pour être reconnaissant envers la générosité des autres, d'avoir rendu strictement l'équivalent de ce qu'on a reçu ; cela ne serait que la probité vulgaire. Il faut y mettre un peu de son cœur, s'élever au-dessus des combinaisons d'intérêt, et donner par amour de ses semblables et par accomplissement d'un devoir moral sans mesure ni dosage.

La reconnaissance ainsi comprise revêt le caractère d'une dette de cœur et peut être rangée parmi les devoirs sociaux les plus humains.

En. Richa.

C. CHARIER, éditeur à Saumur

La Tolérance

Le respect de l'opinion d'autrui, c'est la tolérance. L'homme vraiment tolérant est celui qui l'accepte avec une placidité sereine, qui écoute avec une humeur toujours égale, d'un œil souriant, je dirai même bienveillant, l'exposé d'une opinion qu'il ne partage pas lui-même. Tout individu qui expose franchement et ouvertement ses idées politiques ou religieuses est généralement de bonne foi. Serait-ce donc parce qu'il n'a pas la même manière de penser, que ses croyances n'ont pas la même origine ni les mêmes fins que les vôtres, que vous devez lui tenir rigueur de son attachement sincère aux principes qui le guident dans ses actes et ses pensées les plus intimes? Non. Rejetons loin de nous ces suggestions du fanatisme ; soyons respectueux de toute opinion sincèrement exprimée, et sans nous faire les adeptes empressés d'une doctrine qui nous est imparfaitement connue, accueillons avec une bonhomie complaisante l'exposé de théories qui n'ont pas le don de nous séduire, et répondons à nos adversaires sur le ton d'une parfaite jovialité sans nous départir un instant de la courtoisie et de l'urbanité qui doivent caractériser tous nos rapports avec autrui.

Pour en arriver à ce degré de tolérance aimable, avouons que dans l'état actuel de nos mœurs politiques et sociales il nous reste un grand pas à faire. Ce n'est pas même besogne facile ; car chacun sait que le besoin inné qui est en nous d'imposer notre opinion au voisin est la faiblesse caractéristique de notre race.

Cessons donc de penser que chacun de nous emporte avec lui la formule unique qui doit régénérer le monde ; la recette exclusive qui guérisse tous nos maux et contribue à délivrer le genre humain des fléaux qui l'enveloppent ; l'élixir fameux, sans rival, qui calmera toutes nos souffrances et ramènera à lui seul la paix et la concorde.

A vrai dire, toutes les opinions, quand elles sont sincères, sont dignes de la considération et du respect d'autrui. Gardons nos préférences pour ce qui nous semble le meilleur, mais ne soyons pas trop exclusifs.

Er. Richa.

C. CHARIER, éditeur à Saumur

La Justice

La justice est le respect des droits d'autrui, le premier devoir de l'homme envers son semblable. Elle nous oblige à réparer tout préjudice commis volontairement. « Ne faites pas à autrui ce que vous ne voudriez pas qu'on vous fît à vous-même. »

Comme la plupart des grandes notions de la philosophie l'idée de justice subit les fluctuations de l'évolution progressiste des peuples.

Les uns confondent la justice avec l'équité ; d'autres la font consister dans la réciprocité ; d'autres enfin la rattachent à la solidarité, sans s'apercevoir qu'au point où est parvenue notre civilisation, elle plane au-dessus de chacune de ces catégories qu'elle résume et embrasse pour les fondre dans le même creuset. On peut déjà entrevoir que la justice parfaite, généreuse utopie des âmes sincères, ne serait, si elle était réalisable, que la balance équitable des intérêts particuliers et généraux de la société. Hélas ! ce n'est là qu'un idéal vers lequel il est louable de diriger tous ses efforts, sans espérer y atteindre jamais. Mais la justice est un besoin essentiel de l'homme, c'est le but dernier où il tend. La société a donc le devoir de la lui garantir, tout au moins dans la limite des choses humainement réalisables.

En mesurant le chemin parcouru depuis l'origine du monde, on ne peut s'empêcher de reconnaître que notre idée de justice s'est admirablement purifiée, surtout si l'on considère qu'il fut un temps où l'homme n'admettait d'autre loi que ses appétits. L'instinct de sociabilité s'est développé peu à peu pour en arriver, sinon à son entier épanouissement, du moins à un degré de perfection qui nous donne une satisfaction relative par rapport à la civilisation antique.

Serait-ce à dire que les maîtres fameux de la Grèce et de Rome, ces profonds psychologues pour lesquels la connaissance de l'âme humaine n'avait plus de secrets, ignoraient les devoirs de la conscience ? Non, certes. Mais la science sociale n'était même pas soupçonnée d'eux.

Elle participe, en effet, de toutes les autres sciences qu'elle résume et embrasse dans un faisceau radieux. Son éclosion récente, dont l'humanité est si fière, prouve enfin que les anciens sont excusables de ne l'avoir pas connue.

La justice absolue est sèche et tranchante quand l'intelligence seule préside à sa distribution. Il est souhaitable, après l'opération chirurgicale, d'apporter un baume à la plaie : c'est la bienveillance, émanation du cœur.

Imaginez un coupable dont la faute tombe sous ce coup de la loi. Si le juge ne fait appel à aucun sentiment d'humanité, il lui applique seulement la peine dans toute sa dureté. Mais si, au contraire, il entrevoit les circonstances atténuantes, en analysant de plus près les mauvais exemples qui ont pu l'entraîner, ou les principes faux, les doctrines subversives qui ont pu peser sur sa volonté, il en arrive, sous l'empire d'un sentiment respectable et réellement humain, à tempérer la rigueur de sa première impression et à diminuer sa responsabilité. C'est l'indulgence et l'équité venant au secours de la justice pour adoucir ce qui pourrait y avoir de trop absolu dans son application.

La science sociale seule engendre de pareilles vertus.

Er. Richa.

C. CHARIER, éditeur à Saumur

Le Civisme

Le civisme embrasse les vertus, les sentiments, les devoirs qui s'imposent au bon citoyen. Tels sont : l'obéissance aux lois ; le paiement de l'impôt ; l'accomplissement du service militaire et l'obligation du vote.

1° *L'obéissance à la loi* — La loi est un ordre émanant de la souveraineté nationale pour le maintien du bien public. Il importe donc d'obéir aux lois dont le caractère est sacré, sous peine de contravention, et de considérer cette obligation comme un devoir à accomplir. De plus, obéir à la lettre de la loi n'est pas suffisant, il convient d'en observer l'esprit. Tourner la loi, c'est la violer.

Il s'ensuit que les magistrats, chargés de l'appliquer, ont droit à notre respect. Un homme ne peut imposer sa volonté aux autres hommes qu'au nom de la justice qu'il personnifie par sa fonction. Au reste, tout citoyen a le devoir de prêter son concours à la force publique pour l'aider à découvrir les malfaiteurs. Cet acte de civisme n'a rien de la délation, toujours méprisable.

2° *L'impôt.* — Toute société civilisée a besoin, pour assurer le fonctionnement régulier de tous ses rouages, d'employer un certain nombre d'agents dont la mission est de veiller à l'application des lois et règlements établis dans l'intérêt général.

Or, ces agents, ces fonctionnaires ont droit à la juste rétribution de leurs peines et pour que la société les paye, il importe que chacun de nous contribue pour une part dans les dépenses nécessaires.

Un bon citoyen doit remplir religieusement ce devoir civique. Toute fraude qui tendrait à l'en exonérer indûment serait assimilée à un vol envers le trésor public.

3° *Le service militaire.* — Le service militaire est le plus lourd mais le plus sacré des devoirs. Tout homme valide est soldat, quand il s'agit de défendre la patrie. Il n'est pas admissible que dans une démocratie on puisse invoquer, comme motifs de dispense, des considérations de rang ou de fortune.

Le jeune soldat doit avoir conscience de son rôle et tendre à acquérir rapidement les connaissances techniques indispensables, et se pénétrer des sentiments d'honneur et de dévouement qui font la force d'une armée.

La discipline exige une obéissance absolue. L'uniforme rappelle au soldat un sentiment de dignité morale qui engendre les plus belles vertus sociales et civiques.

4° *Le vote.* — Le vote est l'acte par lequel les citoyens expriment librement le choix de leurs délégués aux affaires publiques. Voter est un droit ; mieux encore, un devoir. Voter n'est pas suffisant : il faut au préalable éclairer sa conscience pour distinguer nettement les véritables intérêts de la nation. L'abstention n'est pas permise. Elle dénote une indifférence qui est sans excuse.

ER. RICHA.

C. CHARIER, éditeur à Saumur

La conscience humaine

Chateaubriand dit quelque part : « Chaque homme a au milieu du cœur un tribunal où il commence par se juger soi-même : la conscience. »

Jean-Jacques Rousseau n'hésite pas à affirmer qu'elle est « un guide assuré d'un être souvent ignorant et borné, mais intelligent et libre, un juge infaillible du bien et du mal. C'est elle qui fait l'excellence de la nature de l'homme et la moralité de ses actions.

« Si elle lui était enlevée, rien ne l'élèverait au-dessus des bêtes, que le triste privilège de s'égarer d'erreur en erreur, à l'aide d'un entendement sans règle et d'une raison sans principe.

« Mais ce n'est pas assez que ce guide existe, il faut savoir le reconnaître et le suivre. S'il parle à tous les cœurs, pourquoi donc y en a-t-il si peu qui l'entendent ? »

Pourquoi tant d'hommes rejettent-ils ses conseils et n'en reconnaissent-ils l'infaillibilité souveraine que lorsque la faute est consommée et que le remords est venu torturer leur âme ? Oh ! alors, dit un écrivain célèbre « ils ont beau faire montre d'une vaine intrépidité, la conscience criminelle se trahit toujours elle-même. Les terreurs marchent partout devant eux ; la solitude les trouble ; les ténèbres les alarment ; ils croient voir sortir de tous côtés des fantômes qui viennent toujours leur reprocher les horreurs secrètes de leur âme ; des cauchemars funestes les remplissent d'images noires et sombres ; et le crime, après lequel ils courent avec tant de goût, court ensuite après eux comme un vautour cruel, et s'attache à eux pour déchirer leur cœur et les punir du plaisir qu'il leur a lui-même donné. » Le tigre déchire sa proie et dort ; l'homme devient homicide et veille. Il cherche les lieux déserts, et cependant la solitude l'effraie.

Telles sont les cruelles représailles qui s'exercent contre la conscience coupable.

Mais si, au lieu d'avoir cédé à des sentiments bas et pervers, obéi à ses passions, l'homme avait écouté les arrêts de sa conscience et observé les principes de la loi morale, il n'est pas douteux que son acte eût fait germer dans son cœur les joies que procure une bonne action. « Il y a, comme dit Montaigne, je ne sais quelle congratulation de bien faire qui nous réjouit en nous-mêmes, et une fierté généreuse qui accompagne la bonne conscience. »

Certains moralistes prétendent pourtant que la conscience n'est pas toujours un guide assuré. Sans compter que les passions et les habitudes du vice altèrent complètement son action, il est des cas où les scrupules sont tellement intenses que la conscience se trouve comme paralysée, ne sachant quelle voie suivre pour atteindre l'idéal tracé par la saine philosophie.

Il apparaît comme incontestable que les enfants en particulier sont souvent incapables de juger leurs propres actions. Ils ignorent le moyen de consulter leur conscience et de s'en servir.

C'est le rôle de l'éducateur de lui signaler ses fautes de conduite et d'encourager chez lui l'effort de la réflexion.

Er. Richa.

C. CHARIER, éditeur à Saumur

La Dignité humaine

Buffon a dit : « Tout marque dans l'homme, même à l'extérieur, sa supériorité sur tous les êtres vivants ; il se soutient droit et élevé ; son attitude est celle du commandement, sa tête regarde le ciel, et présente une face auguste, sur laquelle est imprimé le caractère de sa dignité ; l'image de l'âme y est peinte par la physionomie ; son port majestueux, sa démarche ferme et hardie, annoncent sa noblesse et son rang ; il ne touche à la terre que par ses extrémités les plus éloignées, il ne la voit que de loin, et semble la dédaigner ; les bras et la main sont faits pour exécuter les ordres de la volonté, pour écarter les obstacles, pour prévenir les rencontres et le choc de ce qui pourrait nuire, pour embrasser et retenir ce qui peut plaire.

« Lorsque l'âme est tranquille, toutes les parties du visage sont dans un état de repos : leur union, leur ensemble marquent encore assez la douce harmonie des pensées, et répondent au calme de l'intérieur ; mais lorsque l'âme est agitée, la face humaine devient un tableau vivant où les passions sont rendues avec autant de délicatesse que d'énergie, où chaque mouvement de l'âme est exprimé par un trait, chaque action par un caractère dont l'impression vive et prompte devance la volonté, nous décèle et rend au dehors, par des signes pathétiques, les images de nos secrètes agitations.

« C'est surtout dans les yeux qu'elles se peignent ; l'œil appartient à l'âme plus qu'aucun autre organe ; il semble participer à tous ses mouvements ; il en exprime les passions les plus vives et les émotions les plus tumultueuses, comme les mouvements les plus doux et les sentiments les plus délicats ; l'œil reçoit et réfléchit en même temps la lumière de la pensée et la chaleur du sentiment ; c'est le sens de l'esprit et la langue de l'intelligence. »

La *dignité humaine* est un sentiment qui naît de la supériorité que l'homme se reconnaît sur les autres êtres de la création. On l'appelle encore *fierté*, qu'il ne faut pas confondre avec *l'orgueil*. La fierté est d'essence morale ; l'orgueil met en relief nos travers dont notre individualité se gonfle. La fierté dédaigne l'oppression, l'orgueil opprime les autres.

La *vanité* dérive de l'orgueil et conduit à la *fatuité*. Ce travers ridicule qui amplifie les avantages extérieurs et superficiels de l'individu doit être combattu par les sentiments mâles et virils.

La *modestie*, qui n'est nullement incompatible avec la fierté, est contraire à l'orgueil. *L'humilité* enfin, qui ne doit jamais être un abaissement, est une vertu qui naît du sentiment de notre faiblesse.

Er. Richa.

G. CHARIER, éditeur à Saumur

Le Respect de la personne humaine

L'humanité est un sentiment qui implique le respect de la personne humaine, considérée comme sacrée et inviolable. Cette inviolabilité est conséquemment la base sur laquelle s'appuie le droit. Or, le droit est la faculté de faire tout ce qui ne porte pas atteinte à la *liberté*, à la *vie* et à l'*honneur* des citoyens.

1° *Le respect de la liberté humaine.* — La liberté dont il s'agit ici est celle par laquelle tout individu peut, sans nuire à autrui, dépenser son activité physique et intellectuelle, à son gré, comme il lui convient, sans être inquiété par personne. Les atteintes à ce principe sont, aujourd'hui, extrêmement rares. Il faut remonter à l'esclavage de l'antiquité et plus récemment à celui de la colonisation en Amérique, pour trouver de nombreux exemples, aujourd'hui abolis, du trafic honteux de la traite des nègres qui consistait à aller acheter sur les côtes d'Afrique de pauvres créatures ironiquement appelées « bois d'ébène », pour les ramener en Amérique et les faire tomber sous la domination brutale d'exploiteurs sans vergogne.

Réduire un homme à l'état de machine, même à la Martinique et à la Guadeloupe, est une monstruosité inique contre laquelle la Convention protesta par un décret d'abolition de l'esclavage, en 1793.

En Europe, on n'eut jamais, dans les temps modernes, à combattre cette plaie sociale. Le *servage* suffisait à notre civilisation plus avancée et ne choquait pas trop nos sentiments d'humanité. Les serfs aliénaient leur liberté pour se mettre au service de seigneurs qui leur promettaient protection et subsistance.

En dehors de l'esclavage et du servage aujourd'hui abolis, la liberté individuelle n'a guère, à l'abri de nos lois actuelles, à souffrir du caprice ou de la tyrannie du plus fort. Les abus d'autorité sur les enfants mineurs et la pression que des sectaires fanatiques pourraient exercer sur la pensée de leurs subordonnés ou torturer leur conscience sont vite réprimés sous la sauvegarde des Pouvoirs publics.

2° *Le respect de la vie humaine.* — Si nous exceptons le cas de légitime défense, il n'en est aucun qui ne condamne l'attentat à la vie de son prochain. Il est aussi contraire à la morale de sacrifier l'existence d'un condamné dont la culpabilité n'est pas nettement établie que de passer par les armes un prisonnier de guerre, laissé sans défense.

3° *Le respect de la personné humaine dans son honneur.* — L'honneur fait partie intégrante de la personne humaine et, pour cette raison, demande à être respecté. Nuire à l'honnête homme est tout aussi criminel que d'attenter à sa vie. La *calomnie*, la *médisance* et la *délation* sont des armes empoisonnées, mises en usage pour perpétrer le crime et ternir la réputation des autres.

La calomnie est odieuse ; la médisance est coupable et la délation non justifiée est blâmable.

Il résulte de ces considérations philosophiques que la personnalité humaine mérite d'être protégée contre les attaques du dehors tout aussi bien dans le domaine physique où elle évolue que dans le domaine moral où elle grandit et s'élève.

Er. RICHA

La Solidarité

La solidarité est non seulement la reconnaissance envers autrui d'une dette sociale qui incombe inégalement à chaque membre d'une société civilisée, mais de son acquittement, suivant les facultés de l'individu.

Cette obligation a pour but d'assurer chacun de nous contre les risques sociaux, particulièrement les pauvres et les malheureux, autrement dit, les plus déshérités de ce monde.

Ce résultat ne sera obtenu que par le consentement de tous. Pour arriver à cet idéal de perfection humaine, ou plutôt pour s'y acheminer, il faut en dehors des moyens législatifs, aborder un système d'éducation nouveau qui donne au principe de solidarité la place qu'il mérite, de manière à créer en nous l'être social, pour le plus grand bien de l'humanité.

La fusion des classes, basée sur l'amour du prochain, contribuera à faire supporter l'amertume de l'inévitable inégalité naturelle. Il serait en effet dangereux de prétendre à l'égalité de condition et de fortune. Cette illusion ne peut être entretenue dans l'esprit d'utopistes que par le recours aux sentiments de haine et d'envie, les plus contraires à l'idée de solidarité.

Habituons-nous, du reste, à ne jamais regarder plus haut que soi, de manière à ne faire naître, en nous-mêmes, aucun sentiment de convoitise. Mettons plutôt notre pitié à contribution, et cherchons de préférence à nous attendrir sur le sort des malheureux, de ceux qui ne jouissant pas des privilèges de la naissance, méritent le droit à notre sollicitude et à notre bienveillance.

En quoi consiste donc cette dette de solidarité ? A développer les facultés individuelles par la diffusion des connaissances humaines, enseignées gratuitement à tous, en raison de l'aptitude intellectuelle de chacun ; puis, à prévoir et à prévenir les incapacités qui résultent des infirmités de la vieillesse.

Entre autres moyens préconisés, il faut que chacun verse, de son bon gré et sans contrôle arbitraire, une redevance équitable à la caisse commune, en proportion du bénéfice qu'il retire lui-même de l'organisme social. Le citoyen, ayant toutes les qualités requises de l'être social, contribuera ainsi à grossir, dans un but unique de solidarité, les ressources qui donneront à chacun, selon ses besoins, l'assurance contre les aléas de la vie et les risques sociaux.

Cette dette sociale n'implique point l'idée de restitution, mais de superflu à faire reporter de bon gré sur ceux qui peinent, par ceux qui, sans travailler, regorgent, au delà du nécessaire, de biens inutiles à leurs besoins.

Il ne s'agit point d'exempter les malheureux du travail.

De pareils efforts, tentés sincèrement par le plus grand nombre, accéléreront la marche du progrès moral pour aboutir à ramener plus de justice dans les rapports de l'homme, et à réaliser l'idée d'une conscience commune.

Er. Richa.

C. CHARIER, éditeur à Saumur

Le Travail

Le travail naît du besoin de se procurer les choses nécessaires à la vie pour se nourrir, se vêtir, s'abriter, etc. Mais le travail n'est pas exclusivement mercenaire ; il devient l'honneur de ceux pour qui sa beauté en fait une obligation morale. Autrefois, on faisait une distinction entre le travail libre (les arts, les sciences) et le travail des mains. Aujourd'hui on reconnaît unanimement la dignité incontestée du travail manuel et du travail productif ou lucratif, sans pour cela ne pas accorder au travail intellectuel sa part de considération, également justifiée.

Le travail est la condition fondamentale de la vie. Seul, il assure la sécurité et le bien-être. Par lui l'homme triomphe de toutes les difficultés, et le plus humble peut quelquefois s'élever aux situations les plus enviables de la société.

Le progrès et toutes les merveilles de la science et de l'industrie sont le fruit du travail accumulé depuis des siècles. Sans le travail, créateur de la richesse, le monde eût péri dès les premiers âges. Supposons que par impossible, dans une société comme la nôtre, tout travail vienne à s'arrêter subitement : la détresse et la famine en seraient les conséquences immédiates et inévitables.

Le travail n'est pas seulement un plaisir ou une nécessité : c'est un devoir, particulièrement pour ceux auxquels leur situation de fortune permet de jouir librement de leurs biens et de vivre dans l'oisiveté. La loi, en effet, ne pourrait, sans porter atteinte à la liberté individuelle, imposer le travail à ceux qui peuvent s'en dispenser ; mais la morale leur en fait une obligation, car il n'est pas un être humain qui ne doive concourir personnellement à l'œuvre commune de la civilisation. Il importe à chacun de nous de transmettre à nos fils le patrimoine de nos ancêtres, grossi par le progrès incessant qui nous vient des efforts et de l'énergie de la collectivité humaine.

Si le travail doit être envisagé par le riche comme un devoir de solidarité sociale, avec le sincère désir d'en faire profiter autrui, il doit y voir en outre une des formes de la prévoyance. Personne en effet n'est sûr du lendemain, et quiconque a contracté de bonne heure l'habitude du travail, même au sein de l'opulence, trouve moins pénible de s'y contraindre lorsque les vicissitudes de l'existence lui en font plus tard une dure nécessité. Une ère nouvelle d'ailleurs semble s'ouvrir à l'aube du vingtième siècle pour améliorer le sort des travailleurs de tous les pays. Les œuvres d'assistance et de solidarité, de même que les institutions de prévoyance et de mutualité, se développent, encouragées par la plus saine émulation, avec le sincère désir d'apporter toujours une plus juste et une plus équitable répartition des charges sociales et le souci de sauvegarder les principes d'indépendance et de dignité humaine.

Er. Richa.

C. CHARIER, éditeur à Saumur

La Vérité

La vérité n'est autre chose que la conformité d'une représentation quelconque avec l'objet ou la chose représentée.

« Elle est, a dit un grand écrivain, la lumière de notre esprit, la règle de notre cœur, la source des vrais plaisirs, le fondement de nos espérances, la consolation de nos craintes, l'adoucissement de nos maux, le remède de toutes nos peines ; elle est le but de la bonne conscience, la terreur de la mauvaise, la peine secrète du vice, la récompense intérieure de la vertu ; elle seule immortalise ceux qui l'ont aimée, illustre les chaînes de ceux qui souffrent pour elle, attire des honneurs publics aux cendres de ses défenseurs ; enfin, elle seule, inspire des pensées magnanimes, forme des âmes héroïques. Tous nos soins devraient donc se borner à la connaître, tous nos talents à la manifester, tout notre zèle à la défendre ; nous ne devrions donc chercher dans les hommes que la vérité, et ne souffrir qu'ils voulussent nous plaire que par elle : en un mot, il semble qu'il devrait suffire qu'elle se montrât à nous pour se faire aimer, et qu'elle nous montrât à nous-mêmes, pour nous apprendre à nous connaître. »

Le mensonge est la négation de la vérité. C'est un vice méprisable qui rabaisse la dignité humaine. Non seulement il enlève la confiance, mais il ravale l'homme honnête au rang de ceux qui ont perdu tout sens moral.

Malheureusement, le mensonge, de nos jours, est chose assez courante dans son infinie variété. Il revêt, dans ses manifestations, les formes souvent les plus inattendues. Ainsi, le *faux témoignage* en justice est peut-être le cas le plus abject ; le *vol* et la *fraude* sont trop contraires à la morale pour s'y arrêter ici, si ce n'est pour détruire le préjugé qui consiste à prétendre que *voler l'Etat*, ce n'est pas voler, de même que s'approprier un *objet trouvé*. Etrange erreur ! On doit encore considérer comme mensonge : l'*infidélité* dans les contrats ; le *manquement a la promesse* donnée, la *violation d'un secret*, les *restrictions mentales*, c'est-à-dire les cas où le silence peut faire croire, à ceux qui en sont les témoins, le contraire de la vérité ; enfin le *machiavélisme* diplomatique qui est un tissu de machinations et de stratagèmes pour faire tomber dans un piège une nation trop confiante : telle fut la fausse dépêche d'Ems, inventée par Bismarck pour amener le gouvernement français, en 1870, à déclarer la guerre à la Prusse.

Er. Richa.

C. CHARIER, éditeur à Saumur

Le Courage

L'homme courageux est celui qui, sans ostentation, affronte un danger et même la mort froidement et résolument, dès qu'il y a un grand devoir à remplir, une noble cause à défendre. Le vrai courage ne consiste pas à exposer follement sa vie et à courir sans raison au-devant du danger, mais à en faire le sacrifice sans hésitation lorsque le devoir le commande. C'est en cela qu'il se distingue de la témérité qui résulte elle-même de l'imprudence.

Les formes les plus fréquentes du courage sont : le courage militaire, le courage civil et le courage qui consiste à supporter les épreuves de la vie.

1° *Le courage militaire.* — La bravoure guerrière est la forme qui frappe le plus l'imagination populaire, particulièrement en France où elle est très commune.

Il en existe même plusieurs variétés. Les noms de Ney et de Cambronne par exemple, qui se présentent à mon esprit, entre mille, peuvent prêter à mon explication. Tous deux étaient à Waterloo. Cambronne, en effet, est le héros de l'action la plus grandiose des temps modernes, de celle qui a excité le plus d'admiration, en raison des circonstances solennelles qui lui servirent de cadre. En prononçant ces mots : « La garde meurt et ne se rend pas ! » il avait la certitude de mourir ; et c'est ce qui donne à ses paroles un accent de grandeur magnanime ; car, si le hasard a voulu qu'il sortît vivant de l'horrible carnage, l'acte en lui-même n'en peut être amoindri, tout en admettant que c'est moins la vaillance admirable de l'homme que le tableau grandiose de la scène qui a mis Cambronne en relief et forgé sa renommée.

Ney, au contraire, parmi les nombreux faits qui ont illustré sa carrière, n'en a pas où les circonstances ont ajouté à sa gloire. Ce qui n'empêche que Cambronne ne peut lui être comparé ; car ce qui donne à Ney une physionomie de sublime beauté, c'est que l'héroïsme, chez lui, réside à l'état latent. Tous les actes de sa vie portent la marque de l'intrépidité de sa nature ou de la grandeur d'âme de son caractère. Ainsi, Waterloo personnifie en lui la bravoure irréfléchie, la fougue impérieuse, l'élan irrésistible ; tandis que la retraite de Russie, bien différente, révèle la générosité de son cœur, sa constance dans l'adversité, sa force d'âme et une abnégation magnanime.

2° *Le courage civil.* — On appelle ainsi la vertu du citoyen qui, au péril de sa vie, arrache à la mort, par exemple, une personne tombée à l'eau, d'un magistrat rendant la justice en dépit de la pression d'un gouvernement tyrannique ; d'un bourgeois qui, en temps d'émeute, se laisse fusiller plutôt que de prononcer un cri séditieux, d'un paysan qui, surpris par l'ennemi, se fait emmener en captivité pour avoir refusé de fournir des indications nuisibles à son pays.

3° *Le courage pour supporter les épreuves de la vie.* — Ce genre de courage prend naissance dans le respect de soi-même : les revers de fortune, les infirmités et les maladies ne doivent, sous peine de lâcheté, abattre un homme qui a conscience de sa dignité. Tout individu a le droit de pleurer, par exemple, la perte de ses parents, de ses amis ; mais aussi, un désespoir exagéré est une faiblesse. Il importe de ne pas succomber sous le poids de la destinée. Réagir avec énergie contre l'infortune et la misère est une preuve de courage.

Er. Richa.

C. CHARIER, éditeur à Saumur

La Charité

A aucune époque l'esprit d'assistance et de charité n'a trouvé un terrain plus propre à sa propagation que dans notre société moderne.

Pourtant, si la charité naît d'un mouvement du cœur vers le bien et atteint souvent les hauteurs sublimes du sacrifice, il n'en est pas moins vrai que ce qui manque le plus aux âmes généreuses, c'est l'esprit de méthode qui les aiderait à découvrir la vraie misère, en écartant les embûches cachées sous leurs pas.

Que de fois, en effet, ne voyons-nous pas les secours détournés de leur destination vraie par l'exhibition mensongère de maux imaginés pour attendrir le passant, et par les supplications trompeuses d'infirmités feintes ! Ces faits constituent une double et déplorable erreur, en ce qu'ils comblent les indigents malhonnêtes au détriment de ceux qu'un scrupule exagéré a retenus dans l'ombre.

La charité, certes, n'a pas besoin d'un modérateur qui calme l'élan des classes riches, mais il n'est pas contestable qu'elle gagnerait à être organisée et disciplinée. Elle ne doit pas ignorer que tout ce qui est donné *sans connaissance de cause* risque de tomber entre les mains d'exploiteurs de la crédulité publique ou de professionnels de la mendicité.

Il y a mieux à faire que de distribuer l'aumône, même avec discernement ; il ne suffit pas de faire disparaître momentanément le mal ; il faut encore et avant tout en prévenir le retour. « Prévenir vaut mieux que guérir. » Un devoir s'impose donc à tous les zélés donateurs : c'est de contribuer à la régénération individuelle par un appel de la solidarité. Cette conception nouvelle de la charité est un progrès social. Elle est en outre conforme à la morale et contraire aux théories déprimantes qui proposent de laisser l'espèce humaine en tutelle. C'est à un tel point que certaines institutions de bienfaisance dont le but généreux et louable est au-dessus de tout éloge, sont considérées par la classe pauvre, même honnête, comme une providence dispensatrice des faveurs publiques, et nombre d'indigents dédaigneux du travail réclament comme dus les secours trop longs à venir. L'assistance ainsi comprise est un encouragement à l'apathie et à l'oisiveté.

Le bienfaiteur ne doit donc pas perdre de vue le relèvement moral de l'individu en le soutenant au réveil de ses facultés, dans ses premiers pas, et en lui inculquant le goût du travail et des principes de prévoyance. L'indigent *valide* finira par comprendre que la charité, tout en lui offrant des secours matériels, le rabaisse sans le faire participer à aucune dépense d'énergie ; qu'elle annihile en lui les réserves de vigueur morale qui permettent de lutter contre l'indigence et la misère ; qu'elle atrophie la dignité individuelle et le sens de sa responsabilité ; qu'elle enlève enfin la confiance en soi. Alors, l'intervention des hommes faisant place aux facultés de l'individu, une première lueur d'espérance le pousserait à reprendre courage et à ne pas abdiquer l'usage de sa propre volonté. En recouvrant sa dignité, celui qui n'était qu'une non-valeur sociale aura le droit et le devoir de laisser à son prochain l'aumône qui lui était destinée. La bienfaisance, appuyée sur un principe de solidarité, aura, de la sorte, doublement rendu service à la société.

—En. Richa.

C. CHARIER, éditeur à Saumur

Le Devoir

Le devoir est la nécessité que chacun de nous a de se conformer à ce que la conscience déclare être le bien.

Le devoir a pour principe le libre arbitre, c'est-à-dire le pouvoir de choisir entre deux ou plusieurs manières d'agir ; pour règle la justice, vertu morale qui fait qu'on respecte les droits d'autrui ; pour juge suprême la conscience, ou le moyen naturel que nous avons de guider notre conduite vers le bien ; enfin pour but le perfectionnement indéfini de l'humanité. — Le devoir est donc multiple puisqu'il embrasse l'universalité des actes de l'individu.

L'homme a une double nature ; le corps et l'âme. On distingue en lui les sens et l'intelligence, les appétits et les sentiments, l'instinct et la volonté. Il s'ensuit qu'il lutte intérieurement, et que sa raison, d'une part, lui laisse apercevoir le bien, tandis que, de l'autre, sa passion le pousse au plaisir.

C'est alors que la raison, guidée par la conscience, subit une contrainte morale sans violenter notre liberté, tellement que nous sommes tenus d'accomplir le bien sans y être forcés. Ce genre de nécessité qui ne s'impose qu'à la raison, sans contraindre la volonté, est ce que nous appelons l'obligation morale, ou la loi morale.

La loi morale est une loi naturelle qui, bien entendu, ne figure point dans les codes ; mais si dans sa forme impérative on avait à la formuler et à en faire un commandement, on pourrait dire :

> Fais le bien, homme tu seras.
> Mal tu fais, bête imiteras.

Cette faculté que chacun de nous possède de reconnaître la loi morale obligatoire et d'en faire l'application à tous les actes de notre vie, s'appelle la conscience.

La conscience est donc l'acte de l'esprit par lequel nous mettons en pratique la loi morale. Elle juge, condamne ou absout, guide, entraîne ou retient. Elle n'est pas le devoir, qui lui est supérieur ; cependant sans elle aucun devoir ne nous serait connu.

La pratique constante du devoir résulte d'une conscience vertueuse. La vertu est un état d'âme et une force de la volonté qui permettent de lutter sans cesse pour se conformer à la loi morale, contre les mauvais penchants et les habitudes prises. C'est le devoir au suprême degré, adapté à tous les actes de la vie, sans défaillance ; qui implique une dépense continuelle d'énergie. C'est précisément cette continuité qui la rend méritoire.

Er. Richa.

C. CHARIER, éditeur à Saumur

La Piété Filiale

Cette belle expression, *piété filiale*, nous vient des Romains. Elle évoque en nous l'idée d'un devoir d'autant plus doux à remplir qu'il se confond avec les sentiments naturels les plus tendres. La piété filiale entraîne avec elle un certain nombre d'obligations envers les auteurs de notre vie : l'amour, l'obéissance, la reconnaissance, le respect, l'assistance et le souvenir.

L'amour de l'enfant pour ses parents, avant d'être un devoir est un besoin, qui dépend des circonstances de la vie plus qu'il n'émane d'un mouvement du cœur. L'enfant en bas âge ne peut avoir la notion des devoirs, en sorte que son besoin d'aimer se porte instinctivement sur sa mère qui, au chevet de son berceau, lui réserve **tous ses** sourires, ou sur son père qui lui prodigue ses plus tendres caresses, sur ceux enfin qui ont fixé ses premiers regards, consolé ses premiers chagrins et dirigé ses premiers pas. Mais l'amour filial devient véritablement un devoir lorsque la raison de l'enfant lui fait discerner le bien du mal. Il peut alors reconnaître tout le trésor de dévouement, d'abnégation et de sacrifice que ses parents ont dépensé pour son éducation au triple point de vue physique, intellectuel et moral.

Cette impulsion instinctive des enfants à porter leur affection sur ceux qui se vouent à la protection de leur existence se produit également pour *l'obéissance* qu'ils manifestent, à l'égard de leurs parents, pour ainsi dire en naissant. Dans leur incapacité de se diriger eux-mêmes, ils se confient à ceux qui ont assumé la charge de les conduire dans la vie.

Les enfants doivent obéir aveuglément aux ordres de leurs parents, car l'enfant qui n'a pas atteint l'âge du discernement ne peut discuter les ordres qu'il reçoit. A mesure qu'il grandit, s'il n'est plus tenu par son âge à une obéissance passive et intransigeante, il doit, sans jamais choquer ni froisser l'autorité paternelle, s'efforcer de se rendre utile.

Il s'ingéniera à deviner les désirs de ses parents, à devenir le collaborateur zélé et affectueux de leurs travaux ; et, par la pratique de toutes les vertus, contribuer au bonheur de la famille.

Dès l'instant où l'enfant commence à réfléchir, à mûrir ses pensées, à apprécier la portée de ses actes, *la reconnaissance* naît dans son esprit et s'épanouit dans son cœur. Il comprend que la plus indispensable de toutes les dettes, c'est d'honorer ses parents. Il reconnaît que leur rendre au centuple les soins, les peines et les travaux que leur a coûtés son enfance, est le plus impérieux des devoirs.

Le *respect* aux parents n'est plus subordonné à l'âge de l'enfant. Aucune considération ne peut l'exonérer d'un devoir qui s'impose en tous temps, en tous lieux.

Là ne se bornent pas les devoirs des enfants. Si les parents, victimes de la fatalité et de l'infortune, sont tombés dans la misère et que la société se déclare impuissante à les soulager, il va de soi que la tâche des enfants est tracée : non seulement ils sont tenus de les recueillir, mais de les nourrir et de les soigner, en cas de maladie. C'est *l'assistance* consolatrice et bienfaisante.

Cette piété filiale, enfin, doit survivre à ceux qui en sont l'objet. Le culte du *souvenir* qui consiste à conserver pieusement la mémoire des parents est un suprême devoir, non moins sacré que les autres, le seul qui entretienne sur cette terre un lien invisible et durable entre la vie et la mort.

Er. Richa.

C. CHARIER, éditeur à Saumur

www.ingramcontent.com/pod-product-compliance
Lightning Source LLC
LaVergne TN
LVHW011349170726
843501LV00006B/1735